QUIMERAS

GABRIEL H.

para todas esas personas
que me hicieron quien soy ahora,
gracias por estar siempre
en mis pensamientos.

ÍNDICE

nuevo
pinche amor
memorias de lo que nunca fue
solsticio de verano
alguien que me ame
hogueras
tú eres. yo soy. nosotros somos
¿y que se supone que yo haga?
tú
alcatraces
amante
dímelo
en tus lagrimas nadar
tu amada
¿alguna vez has conocido el amor?
nos pides callar, nos pides no gritar
si es que sabes leerme
quimeras

ya no quiero ponerme a chillar
ni jugar por las calles de un barrio
solo quiero bajo un techo poder llegar
sin restos de disparos en mis brazos

mamá sabe que no seré muy listo
ni que tampoco todo lo entienda
pero los escucho a todos cantar ¡cielito lindo!
marcado por todas nuestras fronteras

mamá a veces recorta mi cabello
tan negro como el petróleo que vendemos
y suelo sentir mi sangre roja y latina
como los 43 y más que desaparecieron

temo en mi país, porque en él
una bandera de colores significa guerra
y la sangre de miles de mujeres
no les sorprende porque es lo que esperan

en este país está cara la gasolina
en este país no debes ser minoría
en este país el arte se discrimina
en este país no importa lo que opinas

porque este es méxico, mi país donde una página de la b
tiene el valor de tu vida.

ni las noches más oscuras
ni los vientos más fríos
evitaran que tenga mis ventanas abiertas
para ti **amado mío**.

no es que te esté pidiendo mucho
solo quiero por fin tener tu amor
ni si quiera es que te pida el mundo
tan solo entrégate por hoy

incluso si crees que no es lo mejor
te lo demostrare con mi pasión
siempre y cuando me des tu amor
viviré por ti sin comparación

es el momento ven y ahógate en mi
yo por siempre voy a estar aquí
seremos uno y seremos eternos por fin
amándonos en un profundo **rojo carmesí.**

bajo los ramos de **violetas**
el amor nosotros vamos a hacer
con sus aromas y sus guerras
juntos podemos llegar a perecer

no necesito que me ames
para yo poder amarte
no necesito que me lo digas
para yo poder saberlo

solo quiero que te quedes
y te conviertas en raíces
que te apoderes de todos mis jardines
y todas mis cicatrices.

tienes

mis

lágrimas

cayendo

de

un

lado

a

otro

sin

parar

pero ya hay alguien
que de mis mejillas las va a limpiar...
yo.

siempre recordare ese **maldito día**
te fuiste sin decirme adiós
pero ahora quemare todas tus cartas
solo por mi puta diversión.

tú y yo, pero solo yo
entre el odio y el rencor
camino perdido en maleza
pero no es distinto a como me besas

con esos besos amargos y secos
con el sabor de otros
con el sabor de celos
con sabor de lo que ya no tenemos

te extraño, no te miento
pero ya no puedo contigo
ya no te amo, solo te olvido
y espero que seas feliz
aun estando sin mí.

las aves vuelan a lo alto
mientras yo las miro desde el suelo
lejos se escuchan sus llantos
al no poder cumplir sus sueños

yo solo necesito **plumas** y papel
para grabar mis deseos
pero ellas son un pincel
para embellecer todos los cielos

creen que no serán felices
si no se convierten en alguien
pero no saben que yo envidio sus matices
y su libertar inigualable.

veo que tu jamás serás mío
solo serás un... **¿amigo?**
un amigo para siempre prohibido
atrapado en mi amor y mi olvido
dejando todo un inmenso vacío.

y al final del día
tú y yo somos **iguales**
no importa lo que nos dicten
no seremos solo simples mortales...

vivases esos ojos con los que miras
tan llenos de los recuerdos del ayer
que reviven todas mis alegrías
y que descansan antes del alba al anochecer

¡oh! suerte mía cuando me miras
¡oh! suerte de los campos que no tienen fin
¡oh! **alegría mía** el tenerte en mi vida
¡oh! **desgracia mía** el que no seas para mí

hoy por fin me recostare durante el medio día
añorando que estés pensando en mí
si no dime amada mía
¿te hace falta algo en la vida?
¿o solo no quieres que yo te amé a ti?

un buen poema por los amaneceres que escurren de entre mis
manos
una buena caricia por los **amantes olvidados**
y una buena ira por los besos de judas que la sociedad nos ha
regalado.

atrapado en sus ojos
reparando un corazón
su dios me castigo
con lo que un ladrón se llevo

muy dentro de todo el
sé que aún me extraña
pero ¿qué le puedo pedir?

si yo ya no quiero hablar
yo ya no quiero amar
ya no quiero cantar
no quiero sufrir
quiero **vivir**
por mí.

lentamente nos adentramos a la oscuridad
te lo aseguro no me entregare a ti en alma
solo eres uno más que mi corazón quiere arrancar...

ella camina por la fiebre de la noche
con el latido de su corazón en manos
todos la llaman **maniaca** con olor a azufre
pero cada día lucha para aun así amarlos

ella puso su rostro en mis sueños de lluvia
donde la luna sacudía los océanos
y sus caderas sobre mi sacudían la luna
para que en caso de que yo no viviera para siempre
supiera que ella de amarme no tenía duda alguna.

si tú te vas dime el por qué
dime que es lo que falta
en tus ojos no puedo ver un ayer
y odiaría el no verte un mañana

odio que tú y yo estemos así
odio las pesadillas así
pero dudo podamos continuar
si tu solo me dejas aquí

¿lo recordaras?
cuando lo nuestro no era un **conato** de amor

¿nos recordaras?
solo tú y yo.

adoro tu dulce mirar
mientras te cantaba en mi habitación
bebías **el vino en mis manos** sin parar
y nos preguntábamos si esto era amor.

eres tú, con **tu mirada** clavada en el techo
y soy yo, con una estaca clavada en el corazón
los dos juntos podríamos llegar a ser el atardecer
pero lo que tú menos quieres es tener mi amor
lo que tú menos quieres es ser mi amor.

poder. poder. poder

poder mirarme abajo de ti
es lo que tú siempre has añorado
sentir que yo no soy nada sin ti
solo porque de una manera diferente he amado

poder. poder. poder

poder tratarme como basura sin ser juzgado
es lo que tú siempre has esperado
decidir a quién amo o a quien he amado
sin sentir algo de culpa en tus manos

poder. poder. poder

poder elegir como he de vivir mi vida
es lo que tú siempre has deseado
decidir sobre si mi libertad es merecida
pero lo siento, tu ignorancia te ha engañado

porque el poder, el poder, el poder
es lo que en esta vida menos te has ganado.

conocí a una flor en mi jardín
ella recién había nacido
pregunto si esta era la vida al fin
pero le dije que yo aún no la había conocido

bajo un poco su mirar
y le dije que no se preocupara
que si la vida algún día fuera a llegar
solo tenía que ella esperarla

sin embargo pasaron varias lunas
y esa flor un día se secó
mi padre dijo que vida solo hay una
y que la de ella ya se marchito

después mi padre solo me dejó
y volví a conocer a otra flor en mi jardín
la misma pregunta me realizo
le dije que sí, la vida empezaba aquí
aunque yo aún no la haya conocido.

querida soledad, odiada y también amada
te he estado extrañando demasiado
ya no te he sentido por mi almohada
ni cantar por los pasillos te he escuchado

son muchas las noches
en las que te he llorado
pero pocos son los días
en los que te he pensado

te suplico, por favor regresar a mi
ahora entiendo que él no me ama
yo solo te quiero y te amo a ti
con él, está más sola mi almohada.

mi corazón ya se está agotando de todo
de tus excusas, tus mentiras y tus versos
tus huellas lo están secando de poco a poco
se apoderan de él cubriéndolo con desiertos

pero ya no necesito de tu amor infecto
porque la tormenta llega por **esas noches**
en que viento y mar se apoderan de mi cuarto
inundando mis almohadas en constelaciones.

entiéndelo jamás seré tuyo
ni tus balas me afectaran
¡orgullo! **¡orgullo!** ¡orgullo!
por siempre escucharas

vete de aquí, no existes para mí
ni en mis sueños tu estarás
¡aquí estoy! ¡aquí estoy!
y jamás voy a descansar

solo quiero que sepas
conmigo nunca vas a acabar
¡orgullo! ¡orgullo! ¡orgullo!
en mí siempre lo voy a llevar.

fulminante guerrero en tu mirada
estancado en mi corazón
rondando por todos mis pasillos
necesitando una sola razón
antes creía que me amabas
negando toda acusación
desearía poder odiarte
o de no ser así, amarte...

gabriel:
buenas noches amor mío, dime
¿alguna vez has amado
sin esperar nada a cambio?
¿alguna vez has mordido una manzana
con todos los dientes de tu alma?

por el sabor de la fruta
o su dulzura y pureza
¿alguna vez has amado el camino
buscando la grandeza?

raguel:
si, ya he amado sin esperar nada a cambio
pero la manzana estaba dura y un diente me rompí
así que me aleje de esas pasiones inmaduras y esos amores
indigestos
que muy a menudo me dejan bastante indispuesto

sé que **los amores** que duran
dejan exhaustos a los amantes
y sus besos demasiados maduros
pudren las lenguas mucho antes.

gabriel:
pero también los amores pasajeros
producen una fiebre inútil
y demasiados verdes son sus besos
que rompen los labios sin verse sutil.

raguel:
para los que quieren amar
sin esperar nada a cambio
el gusano de la manzana les comerá
el corazón, el cerebro y el encanto.

acabará con todos nosotros y nuestra mente
y nos ira dejando vacíos lentamente.

gabriel:
pero cuando uno se atreve a amar
sin esperar nada a cambio
ese gusano en la manzana
nos embriagara el corazón

embriagara el cerebro y también el encanto
dejando un aroma de su dulce pasión.

raguel:
pero sabemos que los amores pasajeros
hacen esfuerzos demasiado inútiles
con sus caricias y besos efímeros
agotan nuestros cuerpos mortales

gabriel:
sin embargo los amores que duran
les roban la belleza a los amantes
y sus caricias sin amargura
se llevan lo mejor de ellos en desgastes.

raguel:
¿entonces ahora qué hago?

gabriel:
intenta amar más sin esperar nada a cambio.

raguel:
ya he intentado, y nada consigo yo.

gabriel:
entonces dime amor mío ¿te encuentras bien?

raguel:
solo un poco melancólico...

bajo las **luces de media noche** sigo buscando
los hojas dicen que te has ido, que deje de luchar
pero en las nubes no puedo dejar de ver tu rostro asustado
lleno de miedo sin saber qué es lo que va a pasar

las noches se vuelven cada vez más frías
con esperas que se vuelven cada vez más largas
todos desearíamos que estuvieras aquí con vida
todos desearíamos que estuvieras aquí jugando

no te preocupes tu habitación no ha sido expuesta
no desde que todos ellos te llevaron
no dejare que nadie en tu vida se entrometa
no dejare que también tu recuerdo me sea arrebatado

me dicen que solo el tiempo nos vendara las heridas
pero seguirás siendo la luz de media noche a mi lado
solo estas siendo feliz jugando a las escondidas
mientras quemo los besos de judas que la sociedad me ha
regalado.

bajo mi cama encuentro
varios fragmentos de mí
como pequeños **insectos**
que corroen todo lo que sentí

tan horribles como los meses
tantos en los que sufrí
y tan hambrientos como las mentiras
que no me dejan vivir

no puedo dejar de pensar
ni puedo dejar de llorar
solo te pido alejarte
para que al fin me pueda amar

tus miedos te corrompen
no los puedes dejar ir
quieres que te perdoné
para volver a hacerme sufrir

quiero que te largues
para siempre de aquí
porque ya no puedo amarte
sin dejar de ser feliz.

adorabas tanto las estrellas
que te regale muchas de ellas
adorabas tanto la música
que entre mis discos tu recuerdo abunda

te enamoré y te dejé
por siempre me castigaré.

desearía que supieras
que ahora que te has ido
chico jamás regresare contigo
tan **nuevo** nunca me había sentido.

destruiré la hoguera de mis sentimientos
en esa donde yaces cuando robas mis cielos
te odio y te aborrezco por lo que me has hecho
porque solo sangre y rencor hay en tu tonto pecho

bañado en perlas te vuelvo a maldecir
pinche amor, odio tanto verte feliz
he tenido que irme muy lejos de aquí
estoy cansado de nuestro estado febril

y que pereza sanar tu corazón
cuando solo de un lado de la moneda cabe tú amor
no es suficiente, no para mí
porque con una camama siempre sueles salir

destruyes todo a tu paso, eres un grosero
yo solo te suplico irte, para que tomes tu estipendio
y no es que te adore, ni es que te extrañe
pero bajo mi almohada por mucho tiempo sueles quedarte

pinche amor, ya no te quiero más
de mi almohada, sábanas y cama te voy a sacar
suficiente he tenido como para contigo lidiar
porque al final del día solo conmigo te puedes amar.

caminando por la acera en donde te vi
te siento conmigo, pero ya no estás aquí
ya no puedo recordar la manera en que te mire
ni en la que despertaba cada noche soñándote

no recuerdo la manera en la que te lloraba
solo sé que quedan lágrimas en mi almohada
solo me quedan las ilusiones que yo mismo cree
y solo vivo con las **memorias de lo que nunca fue.**

como un sol naciente te empecé a querer
como el fuego que arde en él te amé
y como la magia de un eclipse hicimos el amor,
pero tú amor más que un **solsticio de verano** no duro.

ser solo un cuerpo
¿por qué no?
si me miro en el espejo
y tan solo soy yo

un gran tesoro
en medio de la habitación
que ríe estando solo
y que canta sin afinación

solo un joven libre
que huele los libros y el océano
que ensucia sus sábanas blancas
con pasiones y deseos

las paredes gritan
¡alguien tiene que amarte!
y por todos lados están
solo quienes no lo hacen

no volveré a buscar
a **alguien qué me ame**
no volveré a sentir
que para mí no hay alguien

porque solo soy yo
y me amo yo
me toco yo
me miro yo
me acaricio yo
me beso yo
me escribo yo
me bailo yo
me canto yo.

porque no hay nadie más aquí
solo yo.

tu mano se entrelaza cual eslabón con la de ella
puedo sentir como tu mirada se junta con la suya
y ver la felicidad en sus ojos que brillan cual **hogueras**
mientras yo solo me quedo suplicando por tu ayuda.

tú eres

yo soy

nosotros somos

solo un par de calcetines
diferentes y sin su otra mitad
solos, vacíos y ausentes
sin buscar los que siempre nos faltara

aun que tú eres blanco de algodón
y yo soy gris con agujeros por montón
estamos juntos por nuestra decisión
nos amamos aún no sin ser la perfección.

porque tú eres
yo soy
nosotros somos
nuestro futuro y nuestro hoy.

¿y
que
se
supone
que
yo
haga?
si
amarte
no
sirve
de
nada
y
que
tú
me
llegues
a
amar.
imposible.

veo como la melancolía cubre la habitación, el cielo se nubla y ya
no siento tu calor, solo el fresco olor de la lluvia avecinarse. una
tormenta. **tú**, un poema... este maldito poema:

tú, ilustrando como rompiste mi corazón
yo deseaba que fuera una ilusión
sin embargo el dolor me despertó
con un sutil pellizco, todo se acabo

tú, destrozando mi interior
tan simple como una demolición
nunca estuviste arrepentido
y yo solo me di por vencido

tú, tomando por completo mi alma
sin dejar alguna esperanza
el dolor me quema como braza
mientras mi ser lentamente se avivaba

tú, torturándome por mil años
algo que por un tiempo ignoramos
veras, mi corazón no volverá a ser un caos
no por las mismas manos...

sus risas están por toda nuestra casa
con las cosas que se rompen al igual que mi corazón
todos sus juguetes cayendo por las escaleras
decorados con los dibujos en mis paredes de color

sus pequeñas huellas siempre detrás mí
queriendo llenar su tamaño en la arena del mar
como los **alcatraces** en la entrada de nuestro jardín
que a la línea con mi nombre en la pared desean llegar

les prometo que nadie romperá su corazón
les prometo que todo tendrá una razón
les prometo que todo tendrá color
solo no crecerán más, por favor.

¿alguna vez has tenido la sensación de estar enamorado
o de extrañar a alguien pero no sabes quién es?
sentir que sin importar donde estés alguien sostiene tu mano
sentir un **amante** que solo tú puedes tener

uno con el que podrías pasar las noches en casa a su lado
en donde juntos pueden beber, bailar y el amor hacer
pero al final del día solo estas en cama pensando
¿por qué solo en mis sueños es que te puedo ver?

dime, si ya estás cansado de mí
dime, si ya no me amas
dime, que me aleje de ti
dime, si ya hay a alguien más

dime, si nunca quisiste estar conmigo
dime, si todo fue solo un juego
dime, que tan solo me utilizaste
dime, que por favor ya no te amé

dime, que nunca me amaras
dime, que ya no quieres que este aquí
dímelo, pero solo dime si es verdad.

se dice que cuando bebemos agua del mar
nos volvemos locos a causa de la sal en ella
sin embargo tengo años de **en tus lágrimas nadar**
bebiendo toda la sal que sale de ellas
pero no consigo otra cosa que enamorarme más de ti
¿será que me he vuelto loco
o solo que en un océano de amor ya me perdí?

los llantos abrazaran todo mi ser
y tus recuerdos cantaran bajo mi almohada
sé que mis manos no te pueden tener
porque ella siempre será **tu amada**

las flores siempre crecerán en mi jardín
y los besos de ella cubrirán tu espalda
muchas veces siento que este es el fin
hasta que vuelves a tocar mi ventana.

¿alguna vez has conocido el amor? preguntaste
sí, ahora ya lo conozco. respondí.
¿y cómo es que hasta ahora lo lograste?
porque en las páginas de mis diarios lo vi

y soñé cada segundo, cada hora, cada palabra
de una muerte que en tus brazos yo deseaba
porque siempre que miraba el espejo por ti esperaba
y así el jugo de tu fruto yo anhelaba

su aroma, sabor y textura que en ti guardaba
que poco a poco mis labios carcomían cual ciruela
inesperada, dulce, suave como la primera primavera
que brinda fe y esperanza a nuestras finitas guerras

guerras que solo tú y yo conocemos
guerras que solo en los sueños vemos
guerras que crecen de los peores miedos
guerras que al nacer ya poseemos

pero poco a poco esas guerras en tus huellas se desvanecen
junto a los miedos e inseguridades que ahora perecen
ya que a través del fuego aun puedo ver tu rostro florecer
y como las sensaciones tan placidas de la primera juventud llegan
a aparecer

esas sensaciones que no puedo conocer, comprender o poseer
y preguntándome como aun así estando con vida ni el
sentimiento más humano te puede corromper
mientras admiro esos ríos de magnolias que veo por tu piel crecer
donde tus sentimientos con aromas más puros llegan a vivir y
florecer

poco a poco mientras te veo dormir veo que formas un edén
que me atrapa con su extremada belleza de melancolía
junto con un cumulo de recuerdo amargos que se desvanecen
y flotan por toda la habitación dejando su aroma de monotonía
que pronto se olvida

se olvida todo aquello ya amargo que viví antes de ti
cual obra de oleo que se desgasta y fallece en pedazos
todo ahora nuestro se vuelve fuerte y hermoso marfil
y nuestras huellas solitarias de arena se quedan en el pasado

antes era muy desgraciado que de ti deseaba alejarme
pues tú a quien yo amo no se dignaba en si quiera mirarme
mis emociones vivas corrían, volaban y sonaban cual orquesta
llorándote, amándote, queriéndote, rogándote una sola respuesta

a sí que, si alguna vez he visto el amor
lo he de mirar en el albor que te abraza suavemente en la mañana
lo he de mirar en tus risas y nervios cuando solo bailas
lo he de mirar cuando mis poemas he de recitarte en madrugada
lo he de mirar cuando dices que me amas

ahora me doy cuenta que por las noches cuando las estrellas tu
tocas
no solo es porque de no hacerlo se extinguen ellas solas
es porque todos los deseos que tiene este pobre hombre
de no ser simplemente contigo de nada importan

así que si me preguntas nuevamente ¿alguna vez has conocido el
amor?
he de decirte que sí, el amor es todo aquello que surge cuando
contigo estoy
y cada palabra que he de recitarte de ahora en adelante
no te las digo como un poeta, te las digo como amante.

nos pides callar
nos pides no gritar
pero solo tú eres
quien nos viene a lastimar

¡tú nos matas!
¡tú nos violas!
y con tu violencia
solamente más te decepcionas

pero aún que medio mundo
no este jamás en tu contra
te lo gritó todo ahora ¡la ira es la fuerza de mi escritura!
y con tú ignorancia mi cuerpo no controlas.

si es que sabes leerme
puedes tenerme
si es que sabes escucharme
también puedes amarme

si es así esta noche me iré a orar
para poder imaginar tus "te amo"
tan brillantes y tan grandes
como los sueños de una dama por años

"te amo, te amo, te amo, te amo"
escucho mi voz al susurrar
suave y lejana, como mis deseos ya esclavos.

de toda ilusión
no quiero escapar
y no sé hasta dónde
podré llegar

entiendo
que es lo que aquí hay
porque lleno de **quimeras**
siempre suelo estar

me suelo preguntar
si algún día acabara
pero el día de mañana
nadie me lo asegurara

mucho me preguntaran
¿cómo es que feliz siempre estás?
y les diré que de mi vida
por las noches suelo escapar

cuando las quimeras me rodean
cuando las quimeras me besan
cuando las quimeras me abrazan
cuando las quimeras me aman

las quimeras no son todo en mi vida
pero a todas las escribo a escondidillas
sé que las quimeras nunca me abandonaran
y a todas las amare por igual

las quimeras me enseñan otra perspectiva
aun que la gente no lo entienda
por eso mi vida es siempre fantasía
porque entiendo mi realidad, pero ella no predomina.

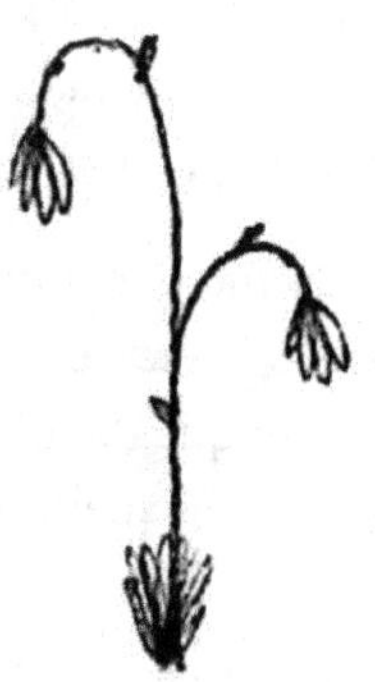

GRACIAS